世界五千年
科技故事丛书

卢嘉锡题

世界五千年科技故事丛书

星辉月映探苍穹

第谷和开普勒的故事

丛书主编　管成学　赵骥民

编著　宋慧娟

吉林出版集团 ｜ 吉林科学技术出版社

图书在版编目（CIP）数据

星辉月映探苍穹：第谷和开普勒的故事 / 管成学, 赵骥民主编. -- 长春：吉林科学技术出版社, 2012.10（2022.1重印）
ISBN 978-7-5384-6095-7

Ⅰ.①星… Ⅱ.①管… ②赵… Ⅲ.①第谷（1510～1601）－生平事迹－通俗读物② 开普勒（1571～1630）－生平事迹－通俗读物 Ⅳ.① K835.346.14-49② K835.166.14-49

中国版本图书馆CIP数据核字（2012）第156240号

星辉月映探苍穹：第谷和开普勒的故事

主 编	管成学 赵骥民	
出 版 人	宛 霞	
选题策划	张瑛琳	
责任编辑	潘竞翔	
封面设计	新华智品	
制 版	长春美印图文设计有限公司	
开 本	640mm×960mm 1 / 16	
字 数	100千字	
印 张	7.5	
版 次	2012年10月第1版	
印 次	2022年1月第4次印刷	

出 版	吉林出版集团 吉林科学技术出版社	
发 行	吉林科学技术出版社	
地 址	长春市净月区福祉大路5788号	
邮 编	130118	
发行部电话/传真	0431-81629529 81629530 81629531	
	81629532 81629533 81629534	
储运部电话	0431-86059116	
编辑部电话	0431-81629518	
网 址	www.jlstp.net	
印 刷	北京一鑫印务有限责任公司	

书 号	ISBN 978-7-5384-6095-7	
定 价	33.00元	

序　言

十一届全国人大副委员长、中国科学院前院长、两院院士

路甬祥

　　放眼21世纪，科学技术将以无法想象的速度迅猛发展，知识经济将全面崛起，国际竞争与合作将出现前所未有的激烈和广泛局面。在严峻的挑战面前，中华民族靠什么屹立于世界民族之林？靠人才，靠德、智、体、能、美全面发展的一代新人。今天的中小学生届时将要肩负起民族强盛的历史使命。为此，我们的知识界、出版界都应责无旁贷地多为他们提供丰富的精神养料。现在，一套大型的向广大青少年传播世界科学技术史知识的科普读物《世

界五千年科技故事丛书》出版面世了。

由中国科学院自然科学研究所、清华大学科技史暨古文献研究所、中国中医研究院医史文献研究所和温州师范学院、吉林省科普作家协会的同志们共同撰写的这套丛书，以世界五千年科学技术史为经，以各时代杰出的科技精英的科技创新活动作纬，勾画了世界科技发展的生动图景。作者着力于科学性与可读性相结合，思想性与趣味性相结合，历史性与时代性相结合，通过故事来讲述科学发现的真实历史条件和科学工作的艰苦性。本书中介绍了科学家们独立思考、敢于怀疑、勇于创新、百折不挠、求真务实的科学精神和他们在工作生活中宝贵的协作、友爱、宽容的人文精神。使青少年读者从科学家的故事中感受科学大师们的智慧、科学的思维方法和实验方法，受到有益的思想启迪。从有关人类重大科技活动的故事中，引起对人类社会发展重大问题的密切关注，全面地理解科学，树立正确的科学观，在知识经济时代理智地对待科学、对待社会、对待人生。阅读这套丛书是对课本的很好补充，是进行素质教育的理想读物。

读史使人明智。在历史的长河中，中华民族曾经创造了灿烂的科技文明，明代以前我国的科技一直处于世界领先地位，涌现出张衡、张仲景、祖冲之、僧一行、沈括、郭守敬、李时珍、徐光启、宋应星这样一批具有世界影响的科学家，而在近现代，中国具有世界级影响的科学家并不多，与我们这个有着13亿人口的泱泱大国并不相称，与世界先进科技水平相比较，在总体上我国的科技水平还存在着较大差距。当今世界各国都把科学技术视为推动社会发展的巨大动力，把培养科技创新人才当做提高创新能力的战略方针。我国也不失时机地确立了科技兴国战略，确立了全面实施素质教育，提高全民素质，培养适应21世纪需要的创新人才的战略决策。党的十六大又提出要形成全民学习、终身学习的学习型社会，形成比较完善的科技和文化创新体系。要全面建设小康社会，加快推进社会主义现代化建设，我们需要一代具有创新精神的人才，需要更多更伟大的科学家和工程技术人才。我真诚地希望这套丛书能激发青少年爱祖国、爱科学的热情，树立起献身科技事业的信念，努力拼搏，勇攀高峰，争当新世纪的优秀科技创新人才。

目 录

目录 _____

跨越国界的友谊

每当夜深人静的时候，望着天空中神秘地眨着眼睛的星星，会激起人们许多美丽的遐想。

天空到底有多少颗星星？它们是怎样生存的？为什么有的亮有的暗？它们会落到地上吗？……带着这些数不清的疑问，从古至今，人们一代一代地进行着不懈的探索。

当时间老人将指针拨到公元16世纪初时，人们对天上的事仍然所知甚微。西方人确信日月星辰都是围绕地球运转的，这是上帝早就安排好了的事情，谁对此提出异议，谁就是反对上帝，就是大逆不道，就要被处以酷刑！

　　既然是上帝安排了日月星辰，就会交给它们一定的任务，让星辰的变化去暗示人类的活动。可是上帝并没有明确地告诉人们哪颗星星执行什么任务。

　　那么，人类要想预知未来的世界，就不得不去猜星星之谜——一种高级的猜谜游戏，谁猜得准，谁就会被授予星占学家的称号，就能随侍在国王的左右，为国王出谋划策。

　　可是，科学的探索活动有时就是从这毫无意义的游戏开始的。

　　世界著名天文学家第谷·布拉赫（Brahe Tycho）与约翰尼斯·开普勒（Johannes Kepler）就是这样起步的。

　　在丹麦，一个贵族出身的男儿——第谷·布拉赫，从小就向往神秘的天空，立志要成为著名的星占学家。为了能使自己对星星之谜猜得准确，他不辞辛苦，自制仪器，对天体进行了大量的观测和记录，逐渐进入了科学研究的轨道。

　　他得到了丹麦皇帝的有力支持，被聘为御用数学家，并可以利用当时最先进的天文台，使他拥有了让人羡慕的工作条件，他本人也受到了如众星捧月般的尊崇。

他所测量的777颗恒星位置，在还没有望远镜的时代，其误差不多于4弧分，创造了前所未有的奇迹！他发现的一颗超亮度新星，被命名为"第谷新星"。新星的名字来自于它的发现者——第谷。

第谷被公认为近代实测天文学的创立者。

第谷的成功不仅在于观测记录了大量天体运行数据，而且还在于他发现了一个特殊的天文学家——开普勒，并把天文学研究的接力棒传给了他。

出身于德国贵族家庭的开普勒，从来没有享受到贵族的荣耀和奢侈，相反，他的一生一直与疾病、贫困为伍，同社会压力、家庭不幸进行着顽强的抗争，从一个神学崇拜者转变成为唯物主义的天文学家。

不过，当第谷饮誉欧洲之时，开普勒刚刚崭露头角。他们虽然十分欣赏对方，但由于种种原因，却无缘相见。

1600年2月3日，是天文学史上一个值得纪念的日子。开普勒经过艰难跋涉，终于应邀来到了第谷工作的地方——布拉格。

第谷的特点是目光锐利，身体健壮，生活奢侈、脾气暴躁，一副权威相，他善于精确观察，但缺少想象力，不相信哥白尼学说。

开普勒眼睛近视，身体虚弱，待人和蔼，但他意志坚强，富有想象力，特别是他的数学分析能力在当时无人能比，他相信哥白尼学说的合理性。

然而共同的事业和目标竟使这两个性格截然相反、能力各有所长的人紧密地结合在一起。第谷赏识开普勒的聪明智慧，开普勒敬重第谷的勤奋和声望，他们俩一见如故，成了一对好朋友。

当这两颗遨游在天宇里的"新星"相遇的时候，近代天文学史揭开了崭新的一页。根据第谷所获得的大量资料，开普勒经过分析推理，总结出了行星运动的三大定律，开普勒也由此被誉为"天空立法者"。

如果没有第谷数十年如一日地积累资料，开普勒难以取得如此辉煌的成就；如果没有开普勒的分析推理，第谷的观测资料不知还会沉睡多少年。他们二人的合作真可谓是星辉月映，珠联璧合。

只可惜他们相处的日子十分短暂，还不到一年，第谷就告别了人间。但是他们的友谊是长存的。开普勒时刻不忘第谷的临终嘱托，历尽磨难完成了第谷未竟的事业，以告慰第谷的在天之灵。

　　而今，第谷与开普勒的故事已经成为人们有口皆碑的一段佳话。

难忘哥本哈根

在丹麦斯科纳镇，有一幢豪华的建筑格外引人注目。

林荫掩映中，隐约可见一座青砖亮瓦的小楼，古朴典雅。楼后花园里错落有致地分布着假山、亭台、花池。青石板铺成的小路曲径通幽。若在夏日，轻风拂面，会送来阵阵清香。楼前是宽敞的庭院，高高的黑漆大门透出一种凛然不可侵犯的威严。

这座庭院的主人，不仅在斯科纳镇无人不晓，就连整个丹麦都十分熟悉，这里住着赫赫有名的布拉赫家族后裔。

布拉赫家族——一个曾在丹麦和瑞典繁盛了几个世纪之久的名门望族。

1546年的冬天，连续几天的大雪弥漫着丹麦，但却没有降低人们过圣诞节的热情。

大街上人来车往，都在积极准备着圣诞礼物。在那座豪华的住宅，进进出出的人们更是忙个不停，他们不仅为圣诞而忙碌，而且还在准备迎接一个新生命的诞生。

随着一声高亢的啼哭，一个白白胖胖的婴儿来到人间。做法官的父亲听说是个男孩，一向严肃的脸上绽开了笑容。他下意识地看了一眼桌上的台历，是12月14日。

他为孩子取了个特别的名字，叫第谷·布拉赫（Tycho Brahe,1546—1601），希望他长大后能出人头地。

小时候的第谷既聪明又好学，深得族人的喜爱。尤其是大伯，他对第谷的爱，胜过第谷的亲生父亲。当第谷的9个弟妹陆续出生后，大伯就把第谷接到其家中单独抚养。

大伯十分重视家族的荣誉，一心要把第谷培养成著名的律师，像他的父亲一样光宗耀祖。

一天，第谷正在大厅中玩耍，忽见大伯领着一个穿燕尾服的人来到家中。大伯把第谷叫到跟前说：

"孩子，从今天开始，你必须听这位先生的教导，在家学习拉丁文和其他知识，不能再贪玩了。"

听了这话，7岁的第谷知道自己到了学本领的时候了，不可能再整天地玩耍了，心中虽然有点不是滋味，但他还是懂事地点点头。

第谷学习非常用心，他善于观察自然界中的各种事物，经常向老师提出一些课本以外的问题，比如：

天上真的有人居住吗？星星都是什么颜色的？为什么能发出那么美丽的光？

每当这时，老师总是板着面孔说：

"那是上帝的事，不要乱问。"

第谷顺利地结束了基础学科的学习。13岁那年，被伯父送往哥本哈根大学继续深造。

哥本哈根大学是一所新派学校，开创了不少新学科和新领域。第谷得到了许多知名教授的指点，在算术、天文、音乐、几何等学科都取得了优异的成绩。

更令第谷难忘的是，哥本哈根大学培养了他浓厚的天文学兴趣。

在这里他读到了一些当时著名的天文学著作，如《天球》、《宇宙结构学》、《方位表》等。虽然这些著作对天文学的认识还相当粗糙，并掺杂不少错误性的结论，但在当时的历史条件下，确属天文学方面的难得著作，其作者也都是一专多能的著名科学家。

第谷一读起这些书来，总是爱不释手。

到了晚上，他常独自一人，站在空荡荡的校园里，出神地望着寥廓的天空，直到天明。他怎么也不明白这些星体是按照什么规律运动的。

第谷就有这么一股钻研精神，越是不明白的东西，越要把它弄个水落石出。虽然天体那么遥远，那么可望而不可即，但是第谷对它的观察却持之以恒。

这种锲而不舍的学习精神，令他的同学大为折服。

后来，当第谷成为著名的天文学家的时候，曾经是第谷最要好的同学威廉说：

"第谷的荣誉是当之无愧的，他所付出的代价，远远超出了他所获得的荣誉。这一点，我比谁都清楚。"

1560年8月21日，一则爆炸性的新闻通过各种媒体传遍全国，今天将发生日食！

第谷刚一听到这个消息时，激动得不知如何是好，他简直不相信自己的耳朵，大声地追问威廉："这是真的吗？你快说。"

威廉被他问得愣愣地站在那里，半晌才说出一句话："一会儿你就知道了。"

果然，没过多久，晴朗的天空忽然暗淡下来，像乌云压城般的恐怖。

第谷飞快地跑到外面，向着天空大叫着：

"这是真的！这是真的！"

一次日食，对于今天的普通人来说，并不会引起大的震撼，但对于处在科学朦胧时期的人们来说，就觉得十分新鲜。

他们不知道日食是天体运行中的正常现象，只是认为这可能是人类的什么不祥之兆，因此而惶惶不安。

可是，具有一定天文学知识的第谷却逐渐地冷静下来。这件事给他的唯一启示就是：

天体运行的情况或许是可以预测的！

"我为什么不去试一试呢？"想到这里，第谷猛地握紧拳头，"对！说干就干！"

于是，这个只有14岁的翩翩少年，开始迈向实测天文学的大门，这是一个后来在他手里得到空前发展的新体系。

少年壮志当凌云

这是一个乍暖还寒的初春，残雪还没有完全消融，冷风袭人。

天刚刚放亮，第谷就起床了。为了不惊醒熟睡的同学，他拿起早就准备好的书包，悄悄地打开寝室的大门，蹑手蹑脚地走了出来。

几天来，在第谷的心中酝酿着一个大胆的设想，他要对行星的运行进行实际测量，积累它们运行的数据，以求找到规律性的东西。

这种想法对于当时的成年人来说都是无法想象的，因为既缺少观测仪器，又没有科学的理论指导，而只有15岁的第谷却偏要一试身手，显示出少年第谷的超群胆略和凌云壮志。

中国有句俗话：看花容易绣花难。也就是说，任何事情实际操作起来都比眼见的要难。第谷也不例外。

要知道，那个时候，就连最新潮的大学也没有实测天文学的科目。第谷是"第一个吃螃蟹的人"，他必须依靠自己的努力，去披荆斩棘开辟一条崭新的道路。

第谷迎着料峭的寒风，跑遍哥本哈根市所有的图书馆，他要把最新的天文学资料都搞到手，以此为阶梯，再攀高峰。

直到夜幕降临，第谷才拖着疲惫的身体，步履蹒跚地回到学校，书包里只装着一本斯塔迪乌斯于1554年出版的《星历表》。

可是，第谷并没有灰心。他积极发动同学、朋友、家人从世界各地帮他搜寻这方面的资料。

正当第谷踌躇满志，准备大展宏图之时，有一天，他忽然接到大伯的来信，看完信件，第谷犹如被迎面泼盆冷水，心都凉透了。

原来，一直资助他学习的大伯，根本就不同意第谷研究什么天文学，他在信中说道：

"在那个人类无法想象的领域里，浪费时间和金钱，简直就是傻瓜！"

为了转移第谷的学习兴奋点，他还为第谷联系好了莱比锡大学，要第谷在那里专攻法律，并希望他学业有成。

法律是当时最热门的学科，也是贵族子弟必须学习的科目。

大伯认为第谷既聪明，又肯钻研，将来一定能成为家族当然的继承人，他有责任培养第谷立足上流社会所需的各方面的才干。

怎样才能让第谷全身心地投入新的学习生活呢？大伯终于想出一个好办法。

他请来了一位仅比第谷大4岁的家庭教师米德尔，让他以陪读的身份随同第谷一起进入莱比锡大学。这位米德尔还肩负着督促第谷学业、掌管第谷财务支出的使命。

1562年3月，第谷恋恋不舍地告别了令他自由驰骋的哥本哈根，在米德尔的陪伴下，来到莱比锡大学，开始了新的生活。

为了不使自己刚刚启动的理想折断翅膀，第谷必须寻找一切可以利用的时间，研究他的天文学。他为自己制定了一套"双轨运行制"的办法。白天，他学习法律及相关学科；深夜，当米德尔熟睡之后，他再开始秘密地钻研天文学。

可是，米德尔与他朝夕相伴，什么秘密能瞒过他呢？

有一次，第谷见他睡着了，又偷偷地点亮蜡烛，准备翻看藏在枕头底下的星历表。米德尔忽然坐了起来，责问道：

"你不分昼夜地学习，难道想把身体搞垮吗？大伯给你的生活费，都让你买了观测仪器和各种星表，我回去以后怎么向大伯交代？"

一向温和的米德尔头一次向第谷发这么大的脾气。起初，第谷被吓了一跳，定神想一想，他毫不退让地分辩道：

"我的理想在天空，那里的每束星光都像磁石般吸引着我，这一点，你永远都不会懂。你不懂的东西，又不让别人去探索，这不是愚蠢是什么？"

一席话，说得米德尔无言以对，只好无可奈何地叹了口气，蒙头睡觉去了。

几分耕耘，几分收获。第谷的勤奋钻研也初见成效。

1563年8月24日，发生了一次土星合木星的现象。虽然第谷的观察仪器只是一副简陋的罗盘，他还是认真记录下了他的观察结果。

通过观察和计算，第谷发现，无论是《阿尔芳索星表》还是《普鲁士星表》，都存在着严重的错误。

这一发现，使第谷像在茫茫大海中找到了航标一样，为他攀登天文学高峰打开了突破口。他决心花大力气，重新观察，制定出新的高精度的星表来。

为了向这个计划进军，第谷准备漫游欧洲，以便拜访更多的学者名流。

1565年6月21日，对第谷寄予殷切希望的大伯去世。消息传来，第谷十分悲痛。大伯对他有报答不完的养育之恩，同时，他也为大伯不理解自己的崇高志向而深感遗憾。

大伯的去世，使第谷像冲破牢笼的小鸟一样，可以自由自在地飞翔在蓝蓝的天空。

峰回路转

　　第谷生存的年代，正是科学与迷信激烈较量的年代。

　　一方面，伟大的发明、发现和新科学风起云涌；另一方面，魔法师、炼金士和星占学家层出不穷。

　　第谷生当此世，他无法超越历史的局限，无法摆脱时代的影响。因此，他在漫游欧洲期间，既拓展了他在天文学方面的视野，又一度使他对星占术发生了浓厚的兴趣。

　　当他日后成为第一流的天文学家的同时，也成了那个年代很有影响的星占学家。

　　有一次，第谷应哥本哈根大学的邀请，进行了一场成功的演说。

"有的人反对星占学，说星辰的运行与人的祸福没有什么关系，持这种观点的人简直就是不学无术！"第谷的大手在眼前一挥，给他的开场白增添了一个气势。

这句话说完，在场的师生无不哗然。第谷见自己的观点果然引起了强烈的反响，他马上作了一个肃静的手势，紧接着又说：

"在星占术的反对者中间，唯一有真才实学的，要算是米兰多拉的皮科伯爵，他试图从根本上驳倒星占术，结果怎样呢？"

第谷故意停顿一下，从而引起在场听众的注意。

"不幸伯爵的死，却正说明了星占术的正确。有三位星占学家预言，火星将在某时刻威胁伯爵的生命，而他恰好死于这一时刻。"

话音刚落，会场上响起了雷鸣般的掌声。很多人被他铿锵有力的逻辑语言和潇洒大方的演讲风度所打动。

随着演讲的深入，许多学生递上纸条或当面发问，第谷都从容不迫，应答自如。

忽然一个高个的学生从座位上站了起来，彬彬有礼地问道：

"既然星占术如此灵验，那么人类就坐等祸福好了，何必再去奋斗呢？"

显然，这个学生向第谷提出了严峻的挑战。

第谷微微一怔，略加思索，认真地答道：

"星占家并未用星辰来限制、束缚人的愿望，相反却承认人身上有比星辰更崇高的东西。只要人像真正的人、像超人那样生活，他就能依靠这种东西克服那带来不幸的星辰影响……上帝把人塑造成这样：只要他愿意，他自己就能战胜星辰的影响。"

第谷的话，再次博得热烈的掌声。

他的星占学观点不是僵死的、教条的，而是带有浓厚的实用主义色彩的。

他认为人的命运虽然可以通过星辰运行来揭示，但这一命运不是绝对不可以改变的，人的意志就有可能改变它。当然，第谷认为上帝也可改变这一命运，"如果上帝愿意的话"。

这些观点显然有助于第谷的星占术预言常立于不败之地。

他曾经为瑞典和丹麦等国的许多要人搞过星占术活动，甚至使国王都另眼相看。因为他的这种活动有的还似乎很灵验，也许是某种心理因素的影响和历史的巧合吧。

20岁那年，第谷刚到罗斯托克大学一个月，恰好赶上一次月食（1566年10月28日），第谷宣称，这一天象兆示着已80高龄的土耳其苏丹苏莱曼的死亡。

不久，果然传来苏莱曼的死讯。但后来人们才知道他死在月食发生前一个月。

第谷还曾为古斯塔夫·阿道夫进行过占卜，预言他将成为瑞典国王。第谷去世后10年，古斯塔夫真的登上了瑞典王位。

据当时的历史学家记载，第谷的预言对于古斯塔夫所属的瑞典王室的支系下决心起来夺取嫡系手中的王位起了决定性的作用。

如果不是因为天上出现了一颗新星，而且这颗新星被第谷发现了，还不知道第谷要在星占术上消磨多少宝贵时光呢。

哦！新星

这是一个天气晴好的夜晚，万籁俱寂，只有满天的繁星不时地眨着调皮的眼睛，在嬉戏游玩。

第谷按照惯例，仍然来到户外，观察他喜爱的星辰。多少年来，第谷一直是这样，不放过任何一个能够观察的夜晚。

忽然，一种奇异的现象发生了，天空中突然出现一颗新星，光亮无比。这是什么星呢？第谷马上提高了警觉，不仅他以前没有见过，就连他的前辈恐怕也没有见过这么亮的星。

第谷在日记中写道：

"晚间太阳落山以后，按照习惯，我正观看晴空里的繁星。忽然间，我注意到一颗新的异常的星，光亮超过别的星，正在我头上照耀，因为自从孩提时代以来，我便认识天上所有的星星，我知道在天空的那一个区域里不会有星……"

第谷起初甚至怀疑自己所见是否真实，但此后，这颗星每晚都如期而至，有一段时间，在白天也能看到，这样他才相信，自己没有搞错，开始仔细地观察和记录。

第谷用他刚制成的一架纪限仪分别测量了这颗超新星与仙后座中9颗恒星之间的角距离，这种仪器的精度达到弧分数量级。第谷持续观察了一年之久，直到1574年初，新星消失，他留下了完整的记录。

第谷把他的观察记录分析整理之后，发表了一篇名为《论新星》的重要著作。

尽管在欧洲有人比第谷早几天就发现了该星，中国明朝的文献中记载该星也比第谷早3天，但由于第谷对该星的缜密观测和研究，这颗新星被命名为"第谷超新星"。

根据第谷留下的这些观测资料，可以很准确地确定当年超新星的位置，误差只有几弧分。这个精度比中国和朝鲜史料中的记载要高出两个数量级。

第谷还详细记录了超新星的颜色和亮度变化。起初该星呈明亮的白色，星等与金星最亮时的星等相同；然后变为蓝色，再变为红色，最后呈铅灰色，到1574年2月，其星等已减到六等甚至更暗。

今天的天文学家可以根据第谷的这些记录，断定该星是I型超新星，而且根据第谷对该星与附近恒星所作的比较，可以画出一条非常精确的光变曲线。

第谷对超新星的观测是相当全面的。他还从不同角度测量了它与仙后星座 α 星（中文名称：王良四）的角距离。由于仙后座 α 星与超新星的经度几乎相同，第谷试图通过上述测量来发现是否有视差，结果未发现任何视差。

这使第谷得出了这样一个正确结论：

超新星位于恒星天球层。

这一结论在当时非同凡响。

一方面，根据当时仍居于罗马教会"钦定学说"地位的亚里士多德天文学理论，月球轨道以上的层层天界都是万古不变的，因此，彗星、流星之类的天象只能是"月下世界"——即大气层中的现象。

但现在超新星分明是"从无到有"的，如果它确实在恒星天层，那么亚里士多德的"月上世界万古不变"的教条就出现了明显的例外。

因此，超新星的位置被确定以后，他开始怀疑亚里士多德这方面的学说有多少正确性。

另一方面，由于未能测到超新星的视差，又增强了第谷对哥白尼学说的怀疑。

按照哥白尼的日心理论，恒星具有视差（周年视差）是地球绕日公转的必然结果。但在哥白尼死后将近300年间，天文学家们一直未能测量到任何恒星视差，直到观测精度大大提高的19世纪，哥白尼结论的正确性才被验证。

对亚里士多德和哥白尼的怀疑，为第谷创造新的宇宙体系奠定了基础。

这颗超新星的发现，再度燃起了第谷对天文学的强烈求知欲，使他从星占术、炼金术的小圈子里跳了出来，决定将有生之年全部献给人类的天文学事业。

就在第谷发现天空中那颗超新星的同时，他也在陆地上发现了一位美丽的姑娘，她叫克丽斯廷娜。

克丽斯廷娜虽然布衣出身，但却有小家碧玉般的高雅气质，温柔娴静，通情达理。第谷见到她的第一眼就喜欢上她了，遂抛弃门第之见，毅然和她建立起幸福的家庭。他们共同生活了29年，直到第谷去世。

汶岛立业

第谷和克丽斯廷娜在瑞士的巴塞尔组建幸福家庭后，并没有沉溺在温馨欢乐之中，他知道，科学一向青睐那些勤奋钻研、善于思考的人们。

第谷在为哥本哈根的青年学生们演讲之后，曾顺道来到达卡塞尔，拜访很有名望的黑森伯爵。

黑森伯爵和丹麦王室关系深厚，同时他也是著名的天文学爱好者，听说第谷来访，他十分高兴，因为和著名的天文学家探讨宇宙问题一定会受益匪浅。

二人一见面，就像久别重逢的老朋友一样热烈拥抱，互致问候之后，话题很快就转入了天文学方面，他们讨论了太阳将近落山时的减速现象，这次讨论推动了第谷后来对大气折射效应的研究。

由于二人十分投缘，第谷在这里逗留了近10天的时间。在此期间，他们每晚都进行天文观测。然后，一边品尝着咖啡，一边谈论着各种天象问题。

第谷、勤奋钻研的学风给黑森伯爵留下了极为深刻的印象。

1575年底，第谷刚刚回到瑞士的家中，忽然收到一封丹麦国王弗里德里希二世的邀请函。信中建议第谷能回到自己的祖国，从事天文学研究，并将位于丹麦海峡中的汶岛赐予第谷。

这个从天而降的喜讯令第谷欣喜若狂，他做梦都没有想到能够得到国王的恩宠，更不会奢望自己能有一个研究天文学的场所，他拿着信函，一遍又一遍地念给妻子听，两个人都高兴地流下了热泪。

丹麦国王为什么要资助第谷呢？

原来，黑森伯爵认准了第谷一定会在天文学方面有更深的造诣。这样一个不可多得的人才留居国外太可惜了。

丹麦有责任让第谷回归祖国，得到重用。因此，他多次上书弗里德里希二世，极力推荐第谷，而这时的国王也需要有一位高级星占学家，为他出谋划策，于是便有了那封令第谷激动万分的邀请函。

第谷接到信后，马上收拾行装，举家迁回丹麦。

在国王的大力资助下，第谷在汶岛很快建起了4个观象台、一个图书馆、一个实验室和一个印刷厂，人们习惯地称汶岛为"观天堡"。

在16世纪的科学家中，除了第谷，恐怕再也找不到第二个人能拥有如此高水平的科研基地了，第谷也十分珍惜眼前的一切，更加努力工作。

在汶岛，第谷不仅安装了当时最精良的观测仪器，而且，还自己设计制作了许多先进仪器。其中第谷最喜爱的是纪限仪。他在观象台上制造、安装了3架大型纪限仪，其中有一架全部用铜制成，这种仪器可以直接测得处于任意位置上的两个天体之间的角距离，极为便利。

为了进一步在观测时获得精确的读数，第谷又在窥管上引入附加的照准器。照准器虽然不是第谷的发明，但经过他的有效组合，提高了天文观测的精度，因而长期被后人所仿效。

在此期间，第谷在观测方法和观测理论方面有重大建树。

第谷第一次非常充分地认识到持续观测的重要性。从前的天文学家，虽然知道观测精度的重要，但他们往往只进行特定的少量观测，比如日食之类的特殊现象，或是为了计算某天体运行轨道所需的一组数据。

而第谷在汶岛建立观象台后，仅对太阳的观测记录就留下数千条，除了太阳之外，他还测量了777颗恒星的位置，留下了数千条的观测记录。

第谷在观测方面天分极高又极其勤奋，因而以擅长观测驰誉全欧，但他并没故意夸大观测的重要性。

他清楚地认识到，观测只是手段，是发展和丰富天文学理论的依据，观测如果不和一定的假说或理论相联系，那么观测将会失去它应有的意义。

第谷对天文学理论的探索，尽管与后来开普勒所取得的成就相比，显得黯然失色，但他一直苦苦追寻着，直到病魔突然夺去了他的生命。

第谷在天文学理论方面的一个重要成就要算对大气折

射的研究。

由于大气的折射，使被测天体的视地平高度较实际上的大一些，第谷通过一系列观测与计算，寻找这种折射作用的规律，编制了一份大气折射改正表。

第谷编制这份改正表的贡献在于：他第一次测定了大气折射改正值，使对大气折射的研究走上了定量化的道路，也使得在观测时减少或避免大气折射带来的误差成为可能。

对于行星的运动，第谷一直保持着浓厚的兴趣，留下了大量极为精确的观测资料，使开普勒得以在此基础上创立了行星运动三定律。

第谷于1601年去世，距望远镜时代的到来只差8年的时间，有理由设想，如果第谷能多活8年的话，天文学的历史也许会变得更加动人心魄。

构想新宇宙体系

在汶岛，第谷如鱼得水，大展才华，通过对彗星的观察，又大胆构想出一个新的宇宙体系。

超新星消失3年后的1577年11月13日，日落时分，第谷照例走出家门，来到观象台，不久，他发现天空中有一颗银光闪烁的大彗星，这一发现立刻引起了第谷的注意，他持续观测它到次年1月26日，直至彗星已远去，肉眼无法辨识。

第谷的观测是细致入微的。

他逐日测量并计算彗星的位置，由此推算出彗星运行的速度。他特别注意到了彗尾的方向，并由此证明彗尾是太阳光穿过彗头所造成的。

这个结论今天看来虽然还不够全面，但已较亚里士多德的彗尾形成说前进了一大步。

为了让所有的人都了解这颗大彗星的情况，第谷很快撰写了一篇短小精悍的论文。在这篇论文里，第谷叙述了亚里士多德的彗星理论，并加以否定。

他首先引用超新星没有视差，也不移动位置，位于恒星天球层这一事实，来说明"月上世界"并非万古不变的，进而指出彗星产生于"月上世界"是完全可能的。

第谷又通过对大彗星与地球间距离的测算，再一次否定了亚里士多德关于"水晶球"宇宙体系万古不变的教条，他正确地判断道：彗星正是运行于行星际空间。

第谷还进一步指出，亚里士多德的彗星理论是基于冥想，而不是基于实际观测和数学证明。

他充分意识到自己正处在天文学发展的一个重要历史关头，他所得出的上述结论具有相当重大的意义。为此，第谷再度深入挖掘他的观测记录，撰写了一本著名的天文学著作《论新天象》。

这本著作出版于1588年，全书分为10章，主要公布了他对彗星的观测方法及一些重要结论。其中第八章最为重要，因为第谷在这一章里公布了由他自己创立的新的宇宙体系学说。

　　第谷的新宇宙体系是继亚里士多德的"水晶球"体系，托勒密"地心体系"和哥白尼"日心体系"之后，欧洲第四种影响很大的古典几何宇宙体系，也是这类体系中最后的一种。

　　亚里士多德的"水晶球"体系和托勒密的地心体系，长期以来在欧洲流传深远，影响了一代又一代的天文学探索者，可是到了16世纪，他们的学说却面临着严峻的挑战。

　　因为随着实测仪器的日益精确，根据他们的体系推算出来的天体位置与实测之间的差距已经达到了惊人的程度。尽管如此，他们所建立的体系仍然是许多天文学家汲取智慧的养料，第谷年轻时就对他们的学说十分熟悉。

　　上述两种体系强有力的挑战者，就是气度不凡的哥白尼。他彻底否定了地心说，认为太阳是宇宙的中心，地球的运动有3种：自转、绕太阳公转，地轴回转。

对于异军突起的哥白尼，第谷十分敬佩，赞赏他在天文学方面所表现出来的创造性，但第谷拒绝接受哥白尼体系。

他认为哥白尼体系虽然顺乎数理原理，但是，让沉重的地球不断地旋转，那是无法想象的事，况且，让大地运转，也有悖于《圣经》的权威，无论如何讲不通。

然而，让第谷不能接受哥白尼体系的最大原因，是他几十年如一日的精心观测，却始终未能发现恒星的视差。其实哥白尼生前也曾预见到这一困难，所以他强调恒星天球极其遥远，地球与行星间的距离与之相比是微不足道的，因此恒星视差很难测出。

虽然后人用精密的仪器证明了哥白尼学说的正确性，但在当时，第谷却无法证明这一事实。于是，第谷根据自己多年的观测和研究，构想了一整套属于自己的宇宙体系，被称作"准地心体系"，具体内容是这样的：

地球仍然居于宇宙的中心，静止不动，月亮和太阳依次绕着地球旋转，但五大行星却是以太阳为中心旋转，同时它们又被太阳携带着绕地球运动。

五大行星的顺序，从太阳开始往外排列，依次是水星、金星、火星、木星和土星，最外层的恒星天球，仍然是每24小时旋转一周。

水星和金星的轨道小于太阳轨道，这两颗行星每运转一周，会有两次与太阳轨道相割；火星轨道大于太阳轨道，但仍与太阳轨道相割两次；木星和土星的轨道更大，以至于可以将太阳轨道完全包容在内而不再与之相割。

在这个体系里，也考虑到了彗星的运行：彗星也绕太阳旋转，但不像行星那样沿着正圆轨道运行，而是具有卵形轨道，轨道平面与黄道平面有29°15'的倾角。

由于第谷在观测方面具有很高造诣，他的体系里更多地体现了已有的观测事实，因而在一段时间内，具有不可否认的先进性。所以，第谷体系问世以后，一度得到不少天文学家的赞同和采纳，甚至有的学者认为，第谷体系优于哥白尼体系。

尽管第谷体系带有根本性的错误，但却为人们探索正确的宇宙结构奠定了一块基石，使人们远离迷信和缺乏根据的传统体系，而大胆地向真理靠近。

慧眼识英才

　　第谷设计建造的汶岛天文台，规模庞大，装备精良，堪称当时世界一流水平，吸引了众多慕名而来的参观者。

　　人们既想在这里瞭望苍穹、探索宇宙的奥秘，又想一睹这位通天知地的御用天文学家的风采。

　　这些络绎不绝的参观者的确给第谷的工作带来不少麻烦，对于科学家来说，最珍贵的是时间。第谷不能把时间浪费在毫无意义的应酬上。为了不影响自己的工作，第谷往往派他的助手出面，招待各方来宾。

　　有一次，丹麦王子也心血来潮，欣然来到汶岛，正赶上第谷对彗星追踪观测，没有多少时间来作陪，这使丹麦王子感到十分扫兴，悻悻而去。

就在第谷的工作取得长足进展的关键时刻，对第谷恩宠有加的丹麦国王费里德里希二世于1588年不幸逝世。王子继任为新国王，即克里斯蒂安当四世。

消息传来，第谷痛心疾首。他为自己没能报答费里德里希二世的知遇之恩而难过万分。同时他也意识到，新国王不会给他任何情面，因为有上次不愉快的观光。

果然不出第谷所料，克里斯蒂安四世继位后，马上开始了对第谷的报复行动。

首先拒绝支付宫廷应该支付给天文台的一笔费用，然后又肆意攻击和否定第谷的工作，使第谷陷入四面楚歌的危机之中。

1597年3月15日，第谷在汶岛进行了最后一次观测后，默默地告别了这个他工作生活了21年的岛屿，暂时移住到哥本哈根。

在经济拮据、生活窘迫的情况下，第谷没有消沉。为了继续自己的天文学事业，他开始了积极有效的活动，寻求罗马帝国皇帝鲁道夫二世的支持。

在哥本哈根，他完成了《新建天文仪器》一书，还编纂了一份包括1100颗新星的星表，他让长子将这些成果连同一封信件，一起送给了鲁道夫二世。

由于第谷在天文学方面的声望及热心朋友的多方斡旋，鲁道夫二世终于决定资助第谷，盛情邀请他到布拉格来，并赐予他离城郊不远处小山上的本纳基城堡作为天文观测基地。

第谷欣然受命，于1599年6月举家迁往布拉格（帝国皇帝的驻地）。

新的工作环境，百废待兴。第谷十分珍视这得来的一切，以极大的工作热情不知疲倦地投身到新天文台的建设和观测记录的整理之中。

有一天，第谷正在工作间里和助手们研究问题，邮差给他送来了一份厚厚的文稿。第谷拆开一看，是一部天文学著作手稿，标题为《神秘的宇宙》，署名是开普勒。

"瞧，是开普勒写的。"第谷高兴地对助手们说："这是近几年来在天文学界崭露头角的年轻人，他精于计算，且有丰富的想象力，将来一定会大有作为。"

当第谷读完《神秘的宇宙》后，更坚定了他对开普勒的信心。虽然他对开普勒的观点存有异议，但他却从书中看出了开普勒卓越的才能。

如果能和这位年轻人共同研究天文学，一定会取得丰硕成果的。想到这里，第谷提笔写下了一封邀请函，希望这位年轻人能来到布拉格，和他共同从事伟大的事业。

在信中，第谷诚挚地写道："我不是因为您遭到了厄运而来请您，而是出于共同研究的愿望来请您的。请您不要把我看做一位命运的朋友，尽管也可以是这样，而是看作您的朋友，即使在您不幸的时候也不会拒绝给您出主意想办法。"

正如第谷所说，开普勒这一时期正面临着极大的不幸。

在家庭方面，妻子不理解他的工作，一对儿女都是在刚出生不久就被病魔夺去了生命，开普勒还没有在失子之痛中镇定下来，社会上教派之争又大动干戈，开普勒的生命时刻受到威胁。

处在危难中的开普勒，接到第谷的邀请函后，心中有说不出的感激和喜悦。第谷不止在他患难之中向他伸出了热情之手，而且还将成为他事业上的良师益友，这对开普勒来说，是他一生之中最大的幸运。

从开普勒居住的格拉茨到布拉格，真可谓是千里迢迢，开普勒顾不上路途的艰险，顾不上身体不适，毅然决然地上路了。

经过艰苦跋涉，开普勒逐渐感到体力不支，而且钱也快花光了，贫病交加的开普勒终于潦倒在异乡的小客栈里。第谷听说后，及时接济了他。

1600年2月3日，开普勒到达了第谷的本纳基城堡，开始了他们卓有成效的合作。

可是，科学家向来都把自己的研究成果看得比命还宝贵，把它轻易奉献出来，交付他人无偿使用，是需要何等的胸怀啊！

第谷起初也存在着这样的矛盾心理，他既愿意同开普勒合作，又不情愿把自己用毕生心血写就的观测记录向开普勒公开。

经过一段激烈的矛盾斗争，第谷终于认识到：科学研究应该具有牺牲精神，让后来者踩着自己的肩膀向上攀登，只有如此，才能达到科学的光辉顶点。否则，过于珍惜自己的研究成果，就会使这些成果变成废纸一堆。

　　解决了这种心理矛盾后，他把自己的火星研究数据毫无保留地放到开普勒面前。

　　开普勒果然不负恩师厚望，他根据自己对火星理论的研究和第谷精确的观测数据，写出了著名的《新天文学》一书。正是这颗星使他探索到了天体的奥秘。

　　当这部著作出版的时候，第谷已安眠地下8年之久了。虽然他没能和开普勒分享到成功的喜悦，但他甘为人梯的奉献精神却永远记载在天文学的发展史上。他慧眼独具地发现了开普勒——这颗天文学领域冉冉升起的新星，也成为他对天文学发展的又一重大贡献。

英才自古多磨难

英才自古多磨难，从来纨绔少伟男，这是我国古代劳动人民总结的一句至理名言。但如果让它走出国门，用在德国伟大的天文学家开普勒的身上，也是恰如其分的。

1571年12月27日，天气格外寒冷，无情的北风裹挟着漫天飞舞的雪花，刮在人的脸上，像刀子割的一样疼痛。在德国符腾堡的魏尔市，一间破旧的房屋里传来了婴孩的一声呐喊，像是对严寒的抗议，也像是对人类的问安。

母亲K.古德曼怀抱这个面黄肌瘦的早产儿，脸上一点儿也没有初为人母的喜悦，她按照事先想好的名字，叫他开普勒（Johannes Kepler,1571—1630）。

生在这样一个贫穷的家庭，开普勒将会面对怎样的人生呢？母亲的思绪又飞回到了从前。

开普勒的祖父是当地有名的贵族，他能言善辩，才干出众，深得人们的敬爱，还一度被选举为魏尔市的市长。那时，家业兴旺，财产丰厚，惹来许多人羡慕的目光。

可是，祖父每天忙于工作，很少过问孩子的事情，致使他的儿子海因里希整天游手好闲，无所事事。

祖父去世后，海因里希缺乏独立的谋生能力，家境一落千丈，但海因里希从不承认自己无能，整天抽烟酗酒，不务正业，把祖辈积累的家业挥霍一空。

他的性格也十分暴躁，心里不高兴，就拿妻子出气，K.古德曼挨过丈夫多少次打骂，连她自己都说不清了。

在丈夫的百般虐待下，古德曼的脾气也变得十分怪僻，常为一点小事大发雷霆……

古德曼思前想后，为孩子的命运担忧。她不能保证自己能抚养好孩子，更不能指望孩子的父亲。

时光飞逝。开普勒已经长到3岁了。一天，海因里希急匆匆地走进家门，向正在做饭的古德曼说："我报名参加了西班牙的雇佣军，明天就走，你给我准备一下吧。"

古德曼先是一惊，然后又和丈夫大吵大闹起来。她的哭闹没能阻止丈夫的远行。

后来，海因里希又在比利时的军队中服役，十年过后，音讯全无，一去不复返了。

古德曼只靠开一间小酒店，勉强维持着他们母子俩的生活。

有一天清晨，母亲见开普勒还没有起床，就大声地叫喊起来，她要开普勒帮她照看一下酒店。可是，懂事的开普勒刚坐起来，就又一头栽倒在床上。

母亲走上前来，一摸他的头，不好！发高烧了！

还没等送进医院，开普勒的脸上就出现了许多小红点。母亲当时吓坏了，她知道孩子得的这种病叫天花，是一种急性传染病，能在很短的时间内夺去人的生命。她赶紧抱起孩子，拼命地向医院跑去……

虽然开普勒的生命被从死神的手里夺了回来，但却给他的身体造成了极大的伤害，视力衰弱，一只手半残。那时，他只有5岁。

营养不良，使开普勒瘦小的身体和他的年龄不相适应；病魔的残酷又剥夺了他应有的健康，所以，开普勒和同龄人相比时常处于劣势。

有一次，他和邻居小朋友玩耍，有一个小朋友为了开心，非要拿他当马骑不可，开普勒人小，可自尊心很强，他说什么也不答应。两个人一边争着一边动起手来，结果，他的头被人家打破了一个口子。

母亲火冒三丈，气冲冲地和邻居吵了一架后，又关起门来，把开普勒狠狠地揍了一顿。开普勒不叫也不跑，一声不响地承受着这一切。

事情过后，母亲也觉得很后悔，就把开普勒拉到身边，抚摸着他的伤口，轻声地问道：

"儿子，你现在还疼吗？在外边挨了欺负，妈妈还要打你，真是不应该啊。"

母亲一边说，一边擦着脸上的泪水。

望着母亲由于过度操劳而布满皱纹的脸，小开普勒紧咬牙关，一声不响，只是使劲地摇着头。

生长在逆境中的开普勒，受尽了别人的冷漠、白眼和欺凌，过早地成熟了，他能理解生活的艰辛，也能理解母亲的粗俗。所以，尽管母亲对他有些过分，他也毫无怨言。

逆境造就了开普勒坚强不屈的性格，使他在今后的风雨人生中，总能跨越前进道路上的各种坎坷，勇往直前，直至摘取17世纪极有影响的帝国数学家和天文学家的桂冠。

我想当个神学家

　　家境的贫寒和身体的残疾，没有压垮开普勒的求知欲望。他在知识的海洋里奋勇拼搏，始终走在前面，让他的健康的同龄人反而自愧不如。

　　1576年，开普勒同别的孩子一样，挎上书包，迈进了小学的门槛。同是上学，心情却大不一样。

　　就在入学的前一天，古德曼还没有拿定主意，是否该让孩子上学。她一方面考虑到孩子身体不好，怕受别的孩子欺负；另一方面入学要花不少钱，她手中拮据，拿不出这笔钱。

开普勒看到妈妈在犹豫，他的心里十分着急，不住地央求妈妈说：

"您就让我上学吧，我决不和别的小朋友吵架了，学费的事您不用太为难，我会想办法挣钱交上的。只要能让我上学，我什么困难都能克服。"

一个6岁的孩子，能有这么大的决心去上学，妈妈还能说什么呢？当开普勒看到妈妈点头答应了他的请求时，高兴得一下子搂住了妈妈的脖子，兴奋地说：

"妈妈，您放心，我一定好好学习，将来当一个了不起的神学家，那个时候，再没有敢欺负我了，谁有什么问题，都得毕恭毕敬地向我求教呢！"

那时，小开普勒最崇拜的就是神学家。

在中世纪，文化完全被教会垄断着，学校也都由教会和寺院来兴办，让僧侣充当教师，以培养教士为主要任务，学习的课程主要有文法、修辞、逻辑、算术、几何、天文和音乐。

到了开普勒时代，虽然世俗学校也不断涌现，当教师不限于僧侣，还有世俗学者，但却发展得非常艰难，时常受到教会的迫害，教会学校仍然占据正统地位，神学理论仍然具有权威性。

不止是开普勒，在绝大多数儿童的心目中，都十分向往神学校，这是教会学校宣传教育的结果，因为神学家被视为具有最高神学水准的人，他的知识包罗万象，无所不通，受到社会的极大尊重和爱戴。

那个时候，开普勒对天文学一无所知，没有任何迹象表明他会成为伟大的天文学家。

但是，开普勒有一点与众不同的是，他非常珍惜得来不易的学习机会。因此，从他走进校园的第一天起，就表现出一种顽强的进取精神。每个科目的学习都不甘落后，学习成绩总是名列前茅。

开普勒的老师很喜欢这个班上最小的学生。开普勒虽然视力不好，但他聪明好学，善于思索和钻研，在调皮捣乱的孩子里，从来找不到开普勒。别的孩子游戏的时间，他都用在了学习上。

可是，好景不长。正当开普勒对学校开设的每门课程都产生了浓厚的兴趣的时候，他不得不中断了学业。因为母亲一病不起，他必须回到家里，照顾那个他所赖以生存的酒店。

开普勒离开学校的时候，心里空荡荡的，大脑一片空白。他不知道自己是怎样走回家中的。开普勒清楚地知道，今天走出校门，再踏进校门却不知要等到何时了。

在经营小酒店期间，开普勒没有放弃心爱的课本。每天清晨，他总是早早地起床，或读上一段拉丁文，或演算几道算术题，然后再去打扫酒店，清点货物，准备一天的开张工作。

有一天，酒店要打烊了，忽然走进一个人来，身上穿着破旧的军服，帽檐压得很低。

开普勒起初很害怕，不敢正视来人的面孔，哆里哆嗦地问道："先生，您……您要点什么？"

来人并不急于答话，他走到开普勒面前，仔细地打量了他一会儿，才说：你好好看看我是谁。

开普勒愣了半晌，才惊喜地叫着："爸爸，是您吗？您是从哪儿来，可把我给吓坏了。"

来人正是海因里希。他也显得很高兴。长时间没有见到儿子了，也不知道家里都有什么变化。父子俩这次见面谈得比较投机。开普勒趁热打铁，提出了自己要上学的事。

海因里希是从前线返回家乡的，这是他自从参加比利时军队后，在家逗留时间最长的一次。尽管海因里希身上有许多不能容忍的缺点，他还是希望儿子将来能干一番事业，所以他暂时顶替了开普勒酒店职员的位置，开普勒又能上学了。

开普勒虽然耽误了半年的课程，但是由于他的聪明上进，一点也没落在同学的后面。在进入阿代尔堡的教会学校学习两年后，1587年10月他被蒂宾根大学录取了。

蒂宾根大学基本上也是一所神学院。学生的助学金是由维腾堡公爵提供的。这里的生活极其清苦，每人每年从公爵府里只能领到4居尔盾，这是一笔少得可怜的钱，在生活中只够支付补鞋匠、补衣工和洗衣妇用的。

开普勒除了吃饭和买学习用品之外，其他方面基本自理。所以，他很少花钱。他除了能领到助学金之外，还能领到校方为奖励极少数的优秀学生而颁发的奖学金。所以，他不再为经济问题而奔波了，可以把精力全部投入学习之中。

蒂宾根大学的学习，更加坚定了开普勒实现其神学家理想的信心。

在这里，他的聪明智慧得到了充分的发挥，据曾经教过他的老师回忆说：

"开普勒的天资异常聪颖，又喜欢独立思考，他能不费力气地学好学院给他们开设的每门功课的知识，尤其对哲学表现出极高的兴趣。他的学习成绩总是遥遥领先的。"

当时，只有最优秀的学生才能学习神学，开普勒经过3年的寒窗苦读，终于获得了这一殊荣。

1591年8月11日，年仅20岁的开普勒顺利地通过了蒂宾根大学的硕士学位考试，开始了他向往已久的神学学习阶段。

那天夜里，开普勒高兴得一宿没合眼。一张小小的学位证书，像一张进入理想大门的通行证，令他激动不已，这是他做梦都想得到的证书啊，而今美梦成真，多年的理想就要成为现实了，他怎么能不激动呢！

开普勒躺在床上，脑海里不停地勾画着未来的美好蓝图，想象着他成为神学家时会是什么样子。他告诫自己，千万不能板着脸训人，好像自己真的很了不起，应该继续学习，当个有真才实学的神学家……

痴情于哥白尼

开普勒在蒂宾根大学学习期间，对神学的研究兴趣一直不减。并赢得了校方的一致好评。评议委员会说他"具有如此非凡的头脑，可期望做出不同凡响的事业。"

开普勒果然做出了"不同凡响"的事业，但却不见得是这所神学院所期望的。

不过，要追溯开普勒研究天文学的启蒙者，还要追溯到这所神学院的M.麦斯特林教授。

麦斯特林教授精通N.哥白尼的天文理论，是哥白尼学说的一个小心、谨慎的信奉者。他把哥白尼的体系作为一种数学假说向学生介绍，是麦斯特林第一个在年轻的开普勒心田里播下新天文学理论的种子。

开普勒十分尊敬这位资历颇深的麦斯特林教授，但对于他所介绍的哥白尼体系并没有过多留意，在开普勒看来，那只是一种假想，缺乏科学的事实依据。况且，他的志向在神学，而非天文学。

在他学业的最后一年里，一件偶然的事改变了开普勒的人生选择。

在格拉茨马丁·路德教的一所学校里，一名数学老师突然去世了，当地政府要求蒂宾根大学派一名教师前往就任。麦斯特林教授认为开普勒最有资格胜任这一职务，力荐开普勒前往。

年轻的开普勒心里十分矛盾，如果前去就职，神学家的梦想就会被击破，这是只差一年就唾手可得的荣誉啊。如果不去，又恐辜负了教授的一片好心，思来想去，他还是选择了前者。

然而，正是这一偶然的机会，使开普勒走上了一条天文学家的辉煌之路。

1594年4月11日，开普勒并不情愿地来到格拉茨就职。

在这个新教教会的学校里，听他讲数学的学生并不多，尽管开普勒从备课到讲课都是无可挑剔地认真，但是，到了第二年，几乎没有学生听他讲课了。

西方学校提倡学生自由选择课程，出现这种情况并不奇怪。好在开普勒的博学多才，使他仍然受到校方的器重。学校当局又安排他讲维吉尔（公元前70年至公元19年，古罗马诗人）修辞学、伦理学和历史。他样样都干得十分出色。

在格拉茨，开普勒做了一件比他的教学工作更有影响的事，就是受政府之托，编制年历和预言书。

这是一项极其繁琐的工作，开普勒查阅了大量天文学资料和星占术方面的资料，他预言了1595年的大寒、农民起义、土耳其人入侵等。

令人难以置信的是，这些预言居然全部被证实了。因此，开普勒被戴上了星占学家的桂冠。

这件事激发了开普勒的研究兴趣，他开始超越神学理想，把视野转向了神秘莫测的宇宙，并且将哥白尼的理论加以认真推敲。

他在比较了亚里士多德的水晶球说，托勒密的地心说和哥白尼的日心说之后，认为哥白尼的学说有许多合理的内涵，应该引起人们的重视。

通过对哥白尼《天体运行论》的深入研究，开普勒的心智大开，他被日心体系在数学上的简单和谐所倾倒，他从灵魂深处深信它是真实可靠的，他以无比虔诚的心情去欣赏它的美。

开普勒并不仅仅满足于对哥白尼学说的欣赏，他的积极探索精神促使他考虑行星体系的3个问题：行星的数目、轨道的大小以及引起行星运动的原因。

开普勒对事物善于抽象思维，这正是他与第谷偏重观测实践的不同之处。

经过潜心研究，1596年底，开普勒完成了他的第一部天文学著作《神秘的宇宙》。

这部书的初稿完成以后，出版时遇到了许多困难。由于开普勒初出茅庐，在学术界默默无闻，出版商们怕亏本，不敢接受他的书稿。最后，还是在他的老师麦斯特林的直接关注和帮助下，此书才得以出版，并载入了法兰克福书目中。

《神秘的宇宙》是开普勒抽象思维能力的最好体现。

在这本书中，开普勒用一套内切球和正多面体勾画了一个宇宙模型：

以地球轨道作为标准，假设它在一个球面上，作这个球的外切正十二面体，这个十二面体的外接球便是火星轨道所在的球面。

作火星轨道所在球面的外切正四面体，这个正四面体的外接球是木星轨道所在的球面。

再作这个球面的一个外切正六面体，这个六面体的外接球是土星轨道所在的球面。

再在地球轨道所在的球面内作一个内接的正二十面体，金星的轨道便在这个二十面体的内切球上。

再在金星轨道所在的球面上作一个内接的正八面体，水星轨道便在这个八面体的内接球上。

这种正多面体和球体一个套一个，勾勒出了一个极其神秘的宇宙模型，因为正多面体只能作5个（正四面、正六面、正八面、正十二面、正二十面），所以，开普勒认为行星的数目只有6个（当时已发现的大行星正好是6个）。

在这个模型里，只要对水星的轨道半径作一修正，那么开普勒的这套宇宙模型所确定的半径与哥白尼的数值很符合，误差仅有5%。

开普勒为他所发现的这一宇宙模型感到无比兴奋和喜悦，他说：

"这次偶然的发现成为我工作的成功点，我欣喜的心情是无法用语言来表达的，我不再后悔我浪费的时间了，我每日每夜潜心搞计算，看我是与哥白尼的理论相一致，还是我的喜悦要落空。"

现在看来，开普勒的这套宇宙模型有点荒唐可笑，但是《神秘的宇宙》毕竟勇敢地冲破了传统观点的束缚，有力地支持了哥白尼的观点，为科学的宇宙观的形成起到了促进作用。

特别值得提出的是，开普勒在这部论著中还提出了对行星和运动机制的探讨，这是在牛顿提出万有引力学说之前非常有开拓性的思想。因为在这以前，几乎没有人考虑过行星运动的物理机制问题。

但是，开普勒宇宙模型还没有冲破传统观念的束缚。

许多世纪以来，在天文学理论上，一直将宇宙看成是和谐、壮丽和完美无缺的，而球形则是万物中最美的形状。这种观念发端于毕达哥拉斯和柏拉图，是按照人间的关系臆想出来的。

一直到开普勒之前，天文学家都是按照这种传统观念去理解天体运行的规律，因而得出错误的结论，就是认为行星的运转轨道都是圆形的。

这种理论的认识基础是拟人说和先验论，用主观构想出来的几何图形强制性地套用在天体运动规律上。

虽说开普勒对他的宇宙模型无比欣赏，但是当他发现这一模型与实际观测事实不相符合时，他毫不犹豫地抛弃了前者。

天文学的理论在他的手中不断地向真理靠近。

浩劫中的幸存者

16世纪的德国，席卷全国的宗教改革风云变幻，狂澜迭起，掀起这场狂澜的核心人物便是马丁·路德。

马丁·路德从小就受到家庭、学校和社会上浓厚的宗教神学观念的长期熏陶，大学毕业后，他走进了修道院，成为一名修士。

在文艺复兴浪潮的冲击下，路德开始探讨人文主义、城市异端以及一些宗教改革家的学说。他还亲自访问罗马，目睹了罗马教廷的腐败。

所有这些因素，促使他逐渐改变了对天主教会的传统信仰，并决心从事宗教改革。

这一时期，罗马教皇为了聚敛钱财，采用了兜售赎罪券的方式。他们宣称，当钱币扔在钱柜中叮当作响的时候，灵魂即会应声飞入天堂。

这种敲诈勒索的伎俩，促使德国人民觉醒，激起了路德的愤慨，他奋笔疾书，写下了《关于赎罪券后的功效》一文，无情地揭露了教皇的贪婪。

一石激起千重浪，路德的文章很快得到全社会的响应，人们积极要求建立"廉俭教会"，反对罗马教廷在德国的特权地位；要求建立脱离罗马教廷的民族教会。有很多人倒向了路德的新教一边，开普勒后来也是其中的一分子。

他信仰路德主张的"唯信称义"的信条，即人在认真研读《圣经》的基础上，在灵魂深处虔诚地信仰上帝，就可以得到上帝的承认与恩典成为无罪的、得救的、永生的人。

开普勒信仰新教，不仅仅是出于对新教的拥护，他也十分敬佩路德的英雄气概。

1520年9月，教皇被路德的言论所激怒，发布了开除路德的"破门令"。而路德不作丝毫让步，于同年12月10日，把教皇的"破门令"当众烧毁。

教皇恼羞成怒，要求德国皇帝查理五世惩办路德。查理五世马上召集帝国会议，要路德去承认错误。路德勇敢赴会，并慷慨陈词：

"除了以圣经为根据证明我是错误的外，我现在不会将来也不会后退，因为我决不违犯我的良心。"

然而路德的宗教改革并没有依靠广大的中下层贫苦劳动者，而是倾向于贵族的诸侯，在帝国会议之前，他还曾对皇帝寄予厚望。

在纷繁复杂的政治斗争面前，软弱的查理五世和教皇互相勾结，用暴力手段迫害路德，并要求清除一切新教分子。

当开普勒成为新教徒时，这一切政治和宗教风波似乎已平息。但是这不等于说社会太平了，而是相反，太平的背后孕育着更猛烈的斗争风暴。

1598年4月2日至7日间，费迪南德大公到意大利作了一次旅行，并和罗马教皇进行了亲切的会晤，他从意大利回来后，再度掀起了清除新教徒的浪潮。

费迪南德不允许新教徒有自己的医院和公墓，禁止他们进行一切宗教活动。这一禁令遭到新教徒的强烈抗议。他们结成各种团体，纷纷走上街头，游行示威，他们主张信仰自由，要求政府收回成命。

几天来，开普勒也和愤怒的群众一样，积极参与了游行示威活动，他认为，不管信仰什么，只要热爱祖国，都无可厚非。新教徒的任何宗教活动都没有损害祖国的荣誉，而某种程度上却是为了祖国的统一和富强。如今遭到政府如此迫害，令人难以忍受。

费迪南德大公见新教徒的情绪这样激昂，他也十分气愤，采取了更加强硬的措施：

命令新教教堂和学校的所有的工作人员必须于9月27日之前离开格拉茨市，必须在7天之内离开大公领地去教皇统治的地方——匈牙利和克罗西亚地区，否则将被处以极刑。

开普勒和许多新教徒一样，准备和政府抗争到底，他因不喜欢不明不白地被驱逐出境而留了下来。

费迪南德终于向新教徒举起了罪恶的屠刀。开普勒亲眼看到和自己并肩作战的同胞一个个倒了下去，鲜血染红了争取自由的土地，他的心里有一种莫名其妙的恐惧感。虽然，他早就准备好从容不迫地面对屠刀，但在这之前他却无法平静。

当调查到开普勒的反政府活动时，由于他的博学多才，素有地方数学家的美誉，才挽救了他的一条性命，他被破例允许留了下来，但必须万分小心谨慎，不得有任何越轨行为。

开普勒并没有因为政府的开恩而高兴，这种软禁似的生活让他更加痛苦。

开普勒后来回忆起这段日子时说，这是他一生中最不幸的时期。他的不幸不止在于失去了应有的自由，还有来自家庭的接连不断的打击。

1597年4月27日，开普勒与巴巴拉·来勒喜结良缘，新娘是一个富裕的磨坊主的女儿，虽然是个遗孀，但年轻貌美，开普勒也满心欢喜地创建自己的家庭。

但事实证明，他们的婚后生活并不幸福。首先是妻子对他的事业一无所知，当然也不会支持他。开普勒说她过于天真，对什么事情都是糊里糊涂的。

更令他感到痛苦的是，地在婚后两年内，一个儿子和一个女儿都因出生不久患脑膜炎而夭亡。

这些接踵而来的打击几乎要把开普勒打垮了，就在他处于极度痛苦和失望之时，第谷向他伸出了热情洋溢的友谊之手，邀请他到了布拉格。

开普勒的人生旅程又到达了一个新的驿站。

雪中送炭

1600年2月3日，开普勒经过艰难的跋涉终于到达了本纳基城堡观测台，和他久仰的天文学家第谷热烈地拥抱在一起。

第谷十分同情这位多灾多难的天文学新秀，也非常欣赏他缜密的思维和复杂的逻辑推理，他认定开普勒的聪明才智是出类拔萃的，他肯定会把当代天文学推向一个新的高峰。

伯乐善识千里马。

第谷热情周到地接待了开普勒，为他安排最好的食宿条件和工作环境，夜晚他们一同观测天象，白天便投入紧张的数据计算之中。

开普勒的性格沉静、内向，第谷的性格则是刚烈、暴躁，这两位个性迥异的科学家，在共同的生活和工作中，难免出现各种不愉快。

再者，第谷信奉地心说，而开普勒尊崇日心说。他们二人常常为一件小事争得面红耳赤，尤其是第谷，动辄摆出一副盛气凌人的架势，大动肝火，开普勒一般还能忍耐，但在触及天文学问题时，他决不相让。

激烈的争吵，不仅没有伤害对方的感情，反而更加深了他们之间的相互了解和信赖，他们都为自己能在科学的道路上找到志同道合的知己而深感庆幸。

在布拉格的本纳基城堡工作4个月后，开普勒不得不回到了格拉茨，因为他得到消息说，妻子病重，生活难以维持。另外，他也想为1600年6月10日的日食独立制造一个投影观测装置。所以，他告别了第谷。

开普勒对格拉茨的宗教斗争形势估计得过于简单了。他以为天主教对新教徒的清查早已结束，而且他还有科学家这块挡箭牌，政府不会对他有所伤害的。

8月2日清晨，开普勒简单地吃了点早餐正准备到书桌前研究他的推理，忽然门外响起了剧烈的敲门声，并伴随着狂妄的叫喊："开门！快开门！"

开普勒知道事情不好，但他的家已被包围，想逃跑也是不可能的了，他从容不迫地打开门，厉声问道：

"难道上帝没有教会你们做一个彬彬有礼的人吗？"

来人正是一批狂热的天主教徒，他们再度掀起了清除新教徒的浪潮。开普勒被列入不愿改变信仰的新教徒分子的名单中。经过一番审查，他被宣布驱逐出格拉茨，他妻子陪嫁的不动产也不能带出和变卖。

真是天有不测风云。开普勒在这片他成长的土地上想找一张安静的书桌都办不到。他再次陷入了极端痛苦失望的境地，万般无奈之时，他又一次投书第谷。

第谷的回信简短明确，一是欢迎开普勒及全家到布拉格定居；二是诚挚希望能与开普勒再度合作。

这封书信字数虽少，可每一个字都重如千斤，说不清其中饱含着多少深情，说不清其中蕴藏着多少厚谊，说不清其中充满了多少希冀。

开普勒手拿书信，热泪盈眶，激动地对妻子说：

"这不是一封普通的书信，对于我们来说，无疑是雪中送炭。在我每一次遭到劫难之时，都是幸亏第谷老师的无私援助，才使我逢凶化吉。在这个世界上，没有人比他更支持我的事业，更了解我的品格了。我们争过、吵过，但是我们的友谊却越发牢不可破！"

开普勒本来有许多话想说，可他见妻子那副似懂非懂的木讷表情，把后面的话又咽了回去。他只能把这份最珍贵的情感深埋在心里。

这是一个细雨蒙蒙的清晨，开普勒被驱逐的最后期限到了。

他环顾了一下一贫如洗的家，不禁一笑，心说："贫穷未必不是件好事，最起码搬家就容易得多。"

他简单地收拾一下行李，带上生活必需品，也带着背井离乡的愁情和妻子女儿一起上路了。

马车已经走出了格拉茨地界，开普勒还不时地回头凝望。思乡的情怀伴随着滴滴答答的雨点洒了一路。

临终嘱托

也许是在雨天着了凉，也许是心思过于沉重，开普勒的健康状况越来越糟，他一直发低烧，咳嗽不止，难以承受马车的颠簸。

当他们走到林茨小城时，他命令车夫停止前进，他太需要有一个安定的环境休养一下了。当时，他被怀疑得了肺病，这种病和现在的癌症一样，几乎宣判了人的死刑。

开普勒不敢在林茨过多地耽误时间，因为他的口袋里已经没有几个钱了。一路上的吃住费用都不知如何支出，哪儿还有看病的钱呢？于是，开普勒强忍着身体的病痛，再度启程。

10月间，当开普勒拖着虚弱的身体携妻带女到达布拉格时，已身无分文。第谷听说这一消息后，马上派人把他们全家接到观测台。

两位老朋友再度相逢，他们都显得非常激动，虽然分开只有几个月的时间，却恍若隔世，第谷看到开普勒并不魁梧的身躯又瘦了一圈，就完全能够想象出他这几个月是怎样熬过来的，他决定再也不让这位才子从身边溜走了。

开普勒也不无调侃地说："我得了这么重的病都没有死，就是因为有你在前边召唤着我呀，这回你想赶我走我都不走了。只要我们二人齐心合力地工作，就不怕搞不出成绩来。"

话音刚落，开普勒又是一阵剧烈地咳嗽，第谷深切地感受到了这个年轻人的雄心壮志，即使在病魔缠身的时候，他首先想到的不是自己，而是他所从事的天文学事业。

第谷非常理解开普勒急于从事工作的心情，但是，为了他的健康，第谷还是让他暂时疗养一段时间。开普勒并没有真正疗养，他一边吃药一边工作，急切地盼望着和第谷的合作正式开始。

第谷见开普勒的健康逐渐恢复了，就把开普勒叫到自己的工作间，详细地谈了他们合作的第一个庞大计划——编纂一份星表。这份星表后来被命名为《鲁道夫星表》。

开普勒听了这个计划，高兴极了。编写星表，需要大量的计算工作，这是开普勒最能发挥其特长的领域，他的才华终于找到了用武之地。他兴奋地握着第谷的手说：

"我早就等着这一天的到来了。"

第谷赶紧补充道：

"我有个要求你必须得答应，那就是注意身体，不能过于疲劳，否则，会影响工作进展。"

开普勒微笑着点点头。

1601年10月，第谷忽然感到身体不适，一向健康自信的他并没有在意这点小恙，他仍然和往常一样，准时到达工作间，做编写星表的准备工作。

可是，病情像野火一样很快蔓延到第谷的全身，持续高烧、咯血，任何药物都无济于事，病痛使他必须躺倒在病床上。

第谷从未得过这么严重的病，他猛然意识到，也许自己再也没有机会起来了。开普勒来看望他的病情时，他用尽全身的力气，拉住开普勒的手，断断续续地作了临终嘱托：

"我把毕生精力都投入到了观察星辰方面，为的是要得到一种准确度极高的星表……我现在把底稿交给你，希望你能继续我的工作。如果这份星表能够出版，就命名为《鲁道夫星表》，我们至少要用这一点报答鲁道夫国王……"

开普勒哽咽着说：

"放心吧，老师，今后不管遇到多大困难，我都会按着您的话去做，《鲁道夫星表》一定会公之于世的。"

听到这里，第谷的脸上露出了满意的笑容，然后便永远地合上了眼睛。年仅55岁的第谷，把科学的接力棒传给开普勒后，带着美好的希望离开了人间。

从第谷染病到溘然长逝，只有11天的时间。这11天开普勒简直像在做梦一样，他真是不敢相信眼前的一切，这个事实对于他来说，来得太突然，又太残酷。

追悼会上，他站在第谷的遗像前，声泪俱下：

"上帝通过一种不可改变的命运把我同您联在一起，

所以我们的相遇是命里注定的，即使我们发生了严重的争执也不许我们分手，可是，当我们真的再也不想分开的时候，上帝却改变了主意，硬是把您从我的身边拉走了……”

开普勒再也说不下去了，他不知道自己怎样离开了会场，怎样到了家。当他睁开眼睛的时候，女儿告诉他，他已经昏睡了两天两夜。

第谷的去世对开普勒的打击比宗教围攻还要严重。但是，他一想到第谷的临终嘱托，想到他未竟的事业，一种神圣的使命感压倒了心中所有的悲伤，鼓舞着他继续奋斗。

10月末，开普勒接到了奥地利皇帝任命书，他被任命为皇家数学家，接替第谷的工作。皇帝同意给他的年薪为500居尔盾，还不足第谷的一半。谁知第一次薪水就足足拖延了5个月，而且这种拖延后来成了家常便饭。

因此，开普勒再次被经济问题所困扰。经济上的困难不仅影响了他全家人的生活，而且也干扰了他正常的研究工作。

开普勒步履维艰，每前进一步都面临着严峻的考验。

历尽磨难的《鲁道夫星表》

第谷去世后，他的临终嘱托始终在开普勒的耳畔回响。然而，开普勒却无法立即动手编制星表，他遇到的阻力是多方面的。

皇帝聘用开普勒的主要目的是要他为皇帝及其左右的人占卜命运，推测未来。当时欧洲的政局十分不稳定，战争的阴影笼罩着每一个国家，将来的事情，皇帝的心中也没有底数，不得不求助占卜，以安其心。

为了能使天文学的研究工作继续下去，开普勒不得已研究了星占术，编制了大量的算命天宫图。

这种充满迷信色彩的工作是与他的思想体系有矛盾的。因此，他把星占术说成是天文学的"非法女儿"，一语道破了他对星占术的真实态度，他以嘲笑的口吻说：

　　"上帝对每个动物都提供最低的生活手段，对天文学家上帝提供的是星占术。"

　　开普勒一边应付皇帝的差事，一边着手研究编制星表，可在争取第谷遗留的资料方面又受到腾纳格尔的无理纠缠。

　　腾纳格尔是第谷的女婿和助手。在第谷弥留之际，这个野心勃勃的家伙把第谷毕业积累的研究成果和资料强行霸占。当开普勒遵照第谷的遗嘱向他索取时，他竟然厚颜无耻地说：

　　"现在这些资料都掌握在我的手中，我也知道这对你很有用，只要你答应我两个要求，我便拱手相送。"

　　开普勒第一次到达布拉格时，就结识了这位腾纳格尔先生。当时他是第谷的得力助手，对开普勒的到来非常不满，就怕开普勒取代他的位置。他还不时地给第谷"吹风"，说我们家的荣誉是我们自己奋斗的结果，外人哪儿有资格来分享。

然而开普勒的聪明才智不是几句谗言就能诋毁的，第谷不仅特别欣赏开普勒，而且还与他建立了深厚的友谊。这件事令腾纳格尔很恼火。

皇帝聘任御用数学家时，腾纳格尔本以为他是第谷的当然继承人，非他莫属，可是聘书偏偏发到了开普勒的手里，和他一点儿不沾边。

所以腾纳格尔认为是开普勒和他过不去，早就想寻找机会报复开普勒，发泄一下心中的私愤。现在机会终于等来了，开普勒就站在他的面前，并且有求于他，他怎能放过呢？

事实上，开普勒真的没瞧得起这个妄自尊大，才疏学浅的草包，以往一起工作时，从不和他一般见识，对他的冷嘲热讽只是付之一笑。

面对腾纳格尔狡黠的目光，开普勒心中有数，他知道这个家伙一定要刁难他，就严肃地说：

"只要我能办到的，当然可以。"

腾纳格尔不紧不慢地说道：

"第一，你至少要拿出我岳父10年的薪俸；第二，编写星表的工作一定要由我们共同承担。"

开普勒一听，心中怒火升腾，腾纳格尔分明是在对他敲诈，他们一家人的生活都没有着落，到哪儿弄那么多的钱给他呢？另外，开普勒根本就不能与他合作编写星表，他认为，腾纳格尔连一个真正的学者都够不上，哪儿有资格把名字写进星表里呢？开普勒坚定地说道：

　　"我很遗憾第谷老师有你这样一个贪婪无耻的女婿，你让他的在天之灵都无法安息，你永远不配与我为伍。"

　　说完，开普勒愤然地离开了腾纳格尔。

　　《鲁道夫星表》工作进行不下去了，开普勒只好把精力放在光学研究工作上，并发表了一本光学著作，这也是为成了他编制星表所做的准备工作。著名的《新天文学》也是在这一期间写成的。

　　《新天文学》一书再次涉及利用第谷观测资料的问题。

　　上次受到开普勒的严厉指责，腾纳格尔不再十分嚣张了。因此，开普勒再次向他提出观看第谷资料的要求时，他虽然也提出了许多苛刻的条件，但是，开普勒认为还是可以接受的，便与他作出某种妥协，得到了第谷的观测资料。

当开普勒拿到这批珍贵的资料时，手都颤抖了。这是他第一次看到第谷的全部资料。他手捧老师毕生的心血，暗自下定决心，一定要把老师的遗愿化作现实，不管今后还会遇到多少困难。

开普勒的预感很快就被证实了。

当开普勒费尽周折刚把资料搞到手后，又被卷入了深重的灾难之中。

1611年2月19日，他最宠爱的6岁的儿子由于染上天花而夭折；同年7月3日，他妻子由于经受不了失去爱子的打击，加之染上伤寒，一病不起，不久，也随子而去。

1611年3月24日，一贯支持他的鲁道夫皇帝被迫退位，并于次年1月去世，继任的新国王对天文学不感兴趣，辞退了开普勒。

这些意想不到的打击，一个接一个，几乎要把开普勒的心撕成了碎片。他怀着难以形容的心情来到了林茨。

也许开普勒经受的打击太多了，这种打击磨炼了他良好的心理素质，使他能够永不屈服，永远能够昂起头来继续他崇高的事业。

10年过后，又一次柳暗花明，费迪南德二世皇帝再次任命开普勒为皇家数学家。开普勒半喜半忧地再次着手《鲁道夫星表》的编制工作。

他费尽周折从国库弄到些微薄的资金，又东挪西借，凑齐了经费。在开普勒的勤奋钻研下，1627年，历尽磨难的《鲁道夫星表》终于出版了。

《星表》的正文说明有120页，表格部分占119页。此外，还包括由第谷确定的1000多颗恒星的星表，以及一个年代表、一个地理位置表和一个折叠的世界地图。

开普勒还设计了一个别具一格的卷首插图，图中的建筑物象征着尤雷尼亚神庙。庙里是托勒密、哥白尼和第谷等天文学家在工作。庙的顶部刻有第谷系统。下面一个象征服刑处的地方有开普勒自己的像，庙的最上方的女神象征着开普勒的科学贡献。

为了表示对已故老师的尊敬，开普勒同意让腾纳格尔为《星表》写一个前言。可是腾纳格尔却极不实事求是和傲慢，他把自己说成是《星表》的真正创始人，并对开普勒进行攻击。

在《星表》前还有开普勒致皇帝的题词，题词中写道：

"最崇高的皇帝，在我经过26年的艰辛完成了奉献给陛下的这部著作的题词中，我能说些什么呢？我就像一个坐在外国轮船上的人一样，船到哪里靠岸，我也只能在哪儿上岸。仅此而已，别无他求。"

可见开普勒完成《星表》后的心情非但不乐观，反而充满了酸苦和压抑。

《鲁道夫星表》不同于以前的任何星表，表中并没有按顺序刊登特定的某天的行星位置，而是给出了一种推算行星位置的方法。

这种《星表》比当时任何一种星表都精确。直到18世纪中叶，它仍被视为天文学上的标准星表，也被航海家们视为至宝。

御用数学家的使命完成了，开普勒意识到他也该离开布拉格了。当时皇帝的意见是只要他信仰天主教，就可以继续留任。

可是，开普勒不愿做违心的事，他把真理看得高于一切，无论如何也不能拿宗教信仰做交易。他决定放弃宫廷的待遇，另谋出路。

孤独的《新天文学》

开普勒第一次向腾纳格尔索取第谷的观测资料时，受到他的百般刁难，编制星表工作进行不下去了，他就把精力转移到了研究火星上面。

他的目的是要测定某一行星绕太阳运行的轨道。要知道，这在当时是一桩十分艰难的事。因为人不是站在太阳上，而是站在以一种当时还是未知的方式绕着太阳运动的地球上。

对行星，我们只能看到它某时刻是在什么方向上，而无法看到它在该时刻相对于太阳所处的实际位置。

开普勒经过反复思考，认为要从这种杂乱无章的情况中整理出头绪，首先要确定地球的运动状况。

但是，要想确定地球本身的运动，只有太阳、地球和行星是不够的，因为在这种情况下，人们只能知道地球对太阳的角速度的变化规律，而依然不知道地球离太阳远近的变化和地球轨道的真实形状及其运行方式。

开普勒是以他丰富的想象力和杰出的数学才能探求到了一条奇迹般的路。

作为第一步，他首先要在空中找一个参考点。那时，火星绕日的周期1.88年为已知，他选择火星为参考点。这样，对太阳和火星的观测，就成为测定地球轨道的手段，开普勒就是这样巧妙地采用三角定点法把地球的轨道形状测了出来。

第二步，他又对火星的轨道进行精确测量和探索。因为第谷遗留下来的数据资料中，以火星的资料最丰富，所以才选择火星为主攻目标。

说来也巧，正是这火星轨道跟哥白尼理论所计算的出入最大。当时称火星为"马斯"。开普勒开始按正圆编制火星的运行表，可发现马斯老是出轨。后来他就此生动地描述这段时期的工作。

"我要征服和战胜马斯，把它掳进我的表格；我已经为它备好了枷锁。但是，我终于感到胜利是毫无指望了。战争仍旧激烈地进行着！

天上那个诡计多端的敌人，出乎意料地扯断了我用方程式制成的锁链，从表格监牢里冲了出去。在一次又一次战争中，我那用物理因子编成的部队备受创伤，而它冲出了束缚，逃之夭夭。"

开普勒按匀速运动的正圆轨道计算遭到失败后，他将火星运行轨道修正为扁圆形轨道。大约进行了70次的实验之后，他高兴地找到了一个方案，与事实能较好地符合。他以为成功了，可是，按这个方法来测定火星的位置，仍跟第谷的数据不符。

8弧分之差相当于秒针0.02秒瞬间转过的角度，会不会是第谷弄错了呢？不会！开普勒深信第谷一丝不苟的工作态度，这8弧分的误差无论如何是不允许忽视的。

正是这8弧分的误差，使开普勒走上了革新天文学的道路。

开普勒经历了无数次的失败，才意识到火星的轨道不是正圆形，并断定它运动的速度跟它与太阳的距离有关。随后他又将轨道修正为卵形，进而确定为椭圆形。

1609年，开普勒出版了《新天文学》一书，介绍了他多年的研究成果，并总结了行星运动第一和第二定律。

第一定律是：行星绕太阳运转是沿椭圆形轨道进行的，太阳位于椭圆的两个焦点之一的位置上。这是极为重要的发现，打破了千百年来的传统观念，并对哥白尼的"日心说"做出了巨大发展。

哥白尼虽然将太阳和地球颠倒了位置，但始终未能冲破传统观念，认为行星运动只能是圆周运动或圆周运动的组合。开普勒解决了哥白尼没有解决的问题，使"日心说"更加接近真实。

第二定律是：向量半径（连接行星与太阳的直线）在相等的时间内扫过相等的面积。也就是说，行星绕太阳的运动是不等速的，离太阳越近速度越快，离太阳越远速度越慢。

开普勒第二定律进一步打破了唯心主义的宇宙和谐理论，指出了自然界的真正客观属性，他在书中还特别指出第一和第二定律也适用于其他行星和月球。

这两大定律的总结，为人们科学地认识宇宙提供了理论依据，也奠定了开普勒在天文学方面的崇高地位。

然而，在这部重要著作的出版问题上，开普勒再次遭到腾纳格尔的诽谤和攻击。腾纳格尔要求写一个前言，否则便封锁第谷的资料。

在前言中，他恣意攻击开普勒的理论是背离第谷系统的，是混乱和随心所欲的，要求读者不要被开普勒的冒失所迷惑。

开普勒的著作果真遭到许多人的误解，不仅一般学者不予理睬，就连他的老师麦斯特林都不支持他，不承认这两条定律的正确性。

《新天文学》陷入了孤独的境地。

但是，开普勒并没有悲观失望。他虽然没有预想到会如此孤立无援，但也从未期望会引起什么轰动效应，因为他站在了天文学的最高峰。人到高处自孤独，历来如此。

他坚信，真理的光芒不是什么人能阻挡得了的，总有一天它会大放异彩。因此，他无怨无悔，仍然一如既往地前行。

《宇宙和谐论》在期待

　　开普勒在林茨教学期间，依然没有放弃对天文学的探索。虽然他已经取得了伟大的成就，但是，他感到还没有揭示出各行星运动之间的联系。

　　他常思考这样一个问题：每颗行星既然已有各自的椭圆轨道和速率，那么，能不能找到一个适合所有行星的总体模式呢？

　　于是，开普勒着手探求行星公转周期跟它们与太阳之间距离的关系。对于火星等6颗行星的轨道半径和运行周期，开普勒是十分熟悉的，但它们之间有没有内在联系呢?

　　谁也没有理由说应该存在这种或那种联系。然而,开普勒确信,在研究各种可能性时,或许能找出某种联系整个太阳系的简单法则。

　　又是一次艰苦而漫长的探索。经过无数次的计算和检验之后,开普勒在前两个定律发表9年后,总结出行星运动第三定律,即行星运动的周期定律。

　　从下面表中列举的一些数据中,就可以看到开普勒的智慧和耐心是何等的令人钦佩!

行星 数值	水星	金星	地球	火星	木星	土星
T	0.24	0.615	1	1.881	11.862	29.457
D	0.387	0.723	1	1.524	5.203	9.539
T^2	0.058	0.378	1	3.540	140.7	867.9
D^3	0.057 96	0.3779	1	3.540	140.85	867.98

　　表中诸行星的数据都是以地球为标准的。地球绕日公转一周 (i) 为一年,与太阳的平均距离 (D) 算作一个单位,其余诸行星有关T和D的数值均以此标准折算。

　　表中属于第谷留给开普勒的资料只是前两行内的数

据，这些数据看起来十分凌乱、没有什么规律可循。可是，开普勒经过9年的艰苦探索和计算，最后才解开这个谜底：$T^2=T^3$。即行星公转周期的平方等于它们轨道长轴的立方。这一定律被称为开普勒第三定律。

在1619年出版的《宇宙和谐论》中，开普勒发表了他的第三定律。

开普勒的一生大部分时间是在逆境中度过的。当他耗尽心血，发现第三定律时，情不自禁地写道：

"这正是我十六年前就强烈希望探求的东西。我就是为了这个目的而同第谷合作的……现在大势已定！书已经写成了，是现在被人读还是后代有人读，对于我是无所谓了。

也许这本书要等上一百年，要知道，大自然也等了观察者六千年呢！"

可见开普勒在完成他的力作时，心情是何等的豁达。他和他的书都在充满希望地等待着。

开普勒第三定律，揭示了行星运转周期与轨道大小的相互关系。他在解释其中的原因时说，行星与太阳之间存在着相互作用力。其作用力的大小取决于二者之间的距离长短，其关系是成反比的。即距离越短作用力越大，距离越长其作用力越小。

这一观点，使开普勒更加接近万有引力定律。后来牛顿在开普勒第三定律等研究成果的基础上，推导出引力平方反比定律和万有引力定律。这些定律是经典天文学的主要基础。

18世纪著名哲学家里格尔称开普勒为经典天文学的奠基人。开普勒还被后人誉为"天空立法者"。

对于开普勒行星运动三定律的发现，如果仅将其视为天文学理论发展的一个里程碑是不够的，它在哲学和意识形态领域里的重要意义并不亚于它的天文学意义。

千百年来，神学体系一直统治着欧洲，它贬低人性，扼杀科学发现，让科学充当了神学的奴仆。

近代科学革命的先驱者们公开向神学宣战，欲战而胜之，取而代之，但手中却缺少必要的科学真理，仍然是无济于事的。

开普勒的伟大发现，与宗教神学大相径庭，是对神学教条的有力否定，推动了唯物主义世界观的发展，同时也为人类的理性最终战胜宗教神学提供了必不可少的武器和力量。

开普勒无愧于他的时代，他不仅在天文学方面总结出3条重要的定律，而且还在数学和光学方面取得了令人瞩目的成就，直到今天，他的发现还在发挥着重要的作用。

揭开视觉之谜

我国大作家冰心曾写下这样一首诗：

成功的花，

人们只惊羡她现时的明艳！

然而当初她的芽儿，

浸透了奋斗的泪泉，

洒遍了牺牲的血雨。

德国伟大的天文学家开普勒又何尝不是如此呢！他的每一次成功都是战胜外部恶劣的环境和自身极端不利处境的一次胜利，其中他所挥洒的血泪是难以想象的。

自从开普勒观测了1600年7月10日的日偏食之后，美妙的光学又引起了他极大的兴趣，要知道，开普勒从小视力就十分衰弱，这给他研究光学带来了许多困难。

　　困难对于开普勒来说是再熟悉不过了，几乎像影子一样追随他，笼罩着他。自从他出生的那天起，就始终和各种各样的困难厮杀着，而且越战越勇，直至取得胜利。

　　所以，视力的衰弱不仅没有削减他对光学的兴趣，反而更加激发了他的研究热情，激发了他探索这个未知世界的渴望。

　　他采用第谷的办法制作了一架小孔相机。通过和第谷对天体观测数据的比较，他知道了自己视力的衰弱度。所以，每一次远距离的观测，他都要把这个衰弱度计算在内，或者戴上自制的镜子，从而得出正确的结论。

　　当时，伽利略已经发明了望远镜，这给天体观测工作带来了极大的便利。伽利略用望远镜观测到许多天文现象，如月面的崎岖不平，金星也有圆缺，木星有4个卫星等，并把这些结果写进了《星际使者》一书。

　　该书出版后，不少科学家和哲学家对伽利略的发现持否认态度，天主教会也对伽利略进行疯狂围攻。只有开普勒一人勇敢地站了出来，写文章支持伽利略，捍卫科学和真理，他还出版了《论木星卫星》、《哥白尼天文概要》等著作，通过自己的观察和发现，既发展了伽利略的理论，又是为当时正受教会审判的伽利略提供旁证。

连伽利略自己也说："开普勒是第一个，而且是唯一的一个完全相信这些发现的人。"遗憾的是伽利略对开普勒的态度完全不同，他不顾开普勒的一再请求，一直未能送去一架开普勒也非常需要的望远镜。后来开普勒几经周折，才从朋友那里弄到一架伽利略望远镜。

刚拿到这架当时最先进的望远镜，开普勒爱不释手，走到哪里，都把这件"宝物"带在身边，渐渐地开普勒觉得这架望远镜缺乏灵活性，对近处或远处的东西，不便于调整视角。

于是，开普勒小心翼翼地打开望远镜，经过反复地琢磨，他改变了伽利略望远镜的构造。伽利略望远镜的目镜是凹透镜，物镜是凸透镜。开普勒将目镜也改为凸透镜，将焦距长短不同的两个凸透镜配合在一起，使放大倍率按物镜和目镜的焦距比来决定。

在改良后的望远镜中，目标的像呈现在物镜和目镜的公共焦点上，能够测定微小的角度，虽然像是倒的，但对天文观测来讲无关紧要。

开普勒设计的这种望远镜，其结构后来被广泛应用于天文望远镜，被人们称为开普勒望远镜，是近代折射望远镜的基础之一。

在研究这种透镜成像原理的同时，开普勒发现，人的视觉和透镜有着同样的原理。他之所以能看见物体，是因为物体的光通过眼睛的水晶体，把缩小了的倒立的像投在视网膜上，至于人们平常不觉得倒立，只是习惯了的缘故。

这一惊人的发现，打破了几千年来人类对自身视觉的种种错误认识。例如柏拉图和欧几里得这些大名鼎鼎的人物都错误地认为视觉是由眼睛发出的光。从而开创和发展了研究视觉理论的正确道路。

在此基础上，开普勒进一步研究了近视眼和远视眼的问题。他认为近视眼就是由于物体的光通过水晶体而产生的物像不是落在视网膜上，而是落在视网膜之前，远视眼是由于物像却落在视网膜之后，所以，远视的人和近视的人都看不清物体。

开普勒通过对光的研究，总结了这样一条定律：光的强度跟光源的距离的平方成反比。他还对光的折射问题作过深入的研究，指出折射角的大小不能单从物质的密度来考虑。

在开普勒之前，人们对折射现象也作过不少研究，但都未能正确总结出折射定律。那时，普遍的看法是，入射角和折射角之比是一定的。开普勒经过反复的实验，修正了这一观点。他认为，在入射角度比较小时，以往观点接近正确，但角度增大，情况就大为不同。

开普勒对光学的卓越贡献，为他赢得了崇高的声誉。有人这样评价他：如果我们不会忘记伽利略在力学领域中的作用，也就一定不会忘记开普勒在光学领域中的作用。

著名光学家笛卡儿说："开普勒是我的主要光学老师，我认为他比以前所有的人都更懂得这一课题。"

艰难的回归路

几度风雨，几度春秋。已经到了知天命之年的开普勒，看透了宫廷斗争的尔虞我诈，厌倦了瞬息万变的政治形势，当他完成《鲁道夫星表》之后，就准备远走他乡。

事实上，在《星表》完成之前，开普勒已经着手寻找新的出路了，他曾将《宇宙和谐论》献给英国的詹姆士一世。1620年，英国大使沃顿带着詹姆士一世的关怀拜访了他，并邀请他去英国。

可是，开普勒内心充满了矛盾，他既想走出眼前的困境，又不愿离开养育自己的祖国。在写给他的朋友M.伯内格的信中，开普勒说：

"……那么，我该漂洋过海到沃顿召唤我的地方去吗？我，一个德国人，一个热爱坚实的陆地，惧怕因禁在孤岛上的人。"

1627年，开普勒又一次写信给伯内格说：

"《鲁道夫星表》一出版，我就渴望能找到一个向更多的听众讲授它的地方，如有可能就在德国，不然的话，就在英国、法国或意大利……"

从他和友人的通信中，我们可以看到，开普勒是多么眷恋自己的祖国！一颗拳拳赤子之心跃然纸上。如果有一点希望，他也不愿到别国去，他割舍不掉生他养他的这方热土。

正在这个时候，开普勒遇到了当时的皇家司令官瓦伦斯坦。

早在1608年，开普勒曾为25岁的瓦伦斯坦占卜过，许多预言后来有的被证实了。所以，瓦伦斯坦对开普勒有着特殊的好感。实际上，开普勒对他说的预言仅仅表明开普勒的心理预感力要比星占术的才能高得多。

16年后，瓦伦斯坦已是有显赫地位的将军了。为了巩固和提高自己已经取得的地位，他需要开普勒的鼎力支持。他听说开普勒要辞去御用数学家的头衔，就邀请开普勒到他的身边工作。

出于对科学的尊重，开普勒拒绝支持瓦伦斯坦对星占术的信仰。他说，他决不愿意自己像一个供人取乐者一样被人利用，也不愿改变自己的科学信仰来满足他的具有星占术头脑的保护人。

尽管如此，瓦伦斯坦还是再三向开普勒表白他的诚意，并亲自给开普勒送去了聘请书。

也许是多少年来的宗教斗争给开普勒的身心造成了巨大的伤害，而瓦伦斯坦没有教门之见、主张不同教派之间和平共处，才使开普勒决定同意与他合作。

开普勒把他的儿女们安排在林茨，他本人于1628年7月21日只身前往瓦伦斯坦的驻扎地——萨甘。

在萨甘，他的主要工作是计算天文年历，他还筹划出版《月亮和梦》。这是他在蒂宾根大学时就开始写的一部短篇，属于科学幻想小说。

除了工作与写作之外，开普勒很少有别的兴趣。他不习惯当地的生活条件，也没有他能与之交流思想感情的人，他几乎过着与世隔绝的生活。

每当孤独和寂寞袭击他的时候，他都会默默地走出房间，痴痴地望着天上的星斗，打开记忆的闸门，让往事一段一段地跳出来，和他做伴。

他会想起不负责任的父亲，想起苦难又暴躁的母亲，想起一场又一场惊心动魄的宗教斗争和政治斗争，想起他在天文学和光学方面所挥洒的汗水，想起格拉茨，想起布拉格，但最使他终生难忘的是与第谷的友谊。

开普勒常常拿着《鲁道夫星表》，告慰第谷的在天之灵，请他安息，这也是他为第谷献上的一份厚礼，想到这里，开普勒的脸上总会挂着由衷的微笑，因为他没有辜负第谷的友谊，没有辜负第谷的临终嘱托，没有辜负第谷的殷切希望。

反复无常的政治风暴再次打碎了开普勒生活的安宁。1630年8月，瓦伦斯坦在与其反对派的斗争中彻底失利，被费迪南德三世撤掉了总司令官的职务。开普勒也无法住在萨甘了。

在一个阴雨连绵的早晨，开普勒启程前往雷根斯堡，去索取别人欠他的薪金，最终的目的地是到达林茨，用这笔薪金展开一项新的研究。

但到处奔走的结果却是处处碰壁。当开普勒拖着疲惫的身体到达客栈的时候，他感到浑身没有缚鸡之力，而且高烧不止。客栈老板怕出人命，再三询问开普勒是否需要就医，开普勒摇了摇头，又摸摸口袋，意思是没钱。

就这样，在无医无药又无人照料的情况下，开普勒艰难地走完了58个春秋，于1630年11月15日与世长辞。苍天的雨水为他悲歌，大地的寒风为他送行，摇曳的小草向他告别……

开普勒的女婿巴尔奇是开普勒家庭的忠实保护者。他在岳父逝世后，还试图收回国家对他家庭的欠款，然而却是徒劳的。

他把开普勒自己写的一首诗文刻在了开普勒的墓碑上：

我曾测过天空，

而今将测地下的阴暗。

虽然我的灵魂来自上苍，

我的躯体却躺在地下。

开普勒的一生，除了得到第谷的短期帮助外，几乎都是生活在逆境之中。

有人这样评价说：第谷的后面有国王，伽利略的后面有公爵，牛顿的后面有政府，而开普勒身后所拥有的只是疾病和贫困。

然而，开普勒并不羡慕别人的优越，也不抱怨自己的苦难。他对逆境的回答只有两个字：奋斗！在奋斗中，他发现了行星运动三定律；在奋斗中，他编制出了备受青睐的《鲁道夫星表》；在奋斗中，他发明了当时最先进的开普勒望远镜；在奋斗中，他揭开了人类视觉的谜底；在奋斗中，他迎来了一个属于他自己的时代！

奇遇在中国

第谷和开普勒在欧洲的天文学史上留下了闪闪发光的一页。他们非同寻常的想象力使他们取得了非同寻常的成就。但是，他们无论如何也想象不到，在他们去世后的200年里，他们的学说、体系神奇般地传到了中国。

他们生前没能长久地工作在一起，死后却被他们的学说把两个人的名字紧密地联系在一起，被众多的中国学者乃至于东方学者所敬佩。

为他们的学说插上翅膀的是耶稣会的传教士。

16世纪，随着西方资本主义的发展，葡萄牙、西班牙、荷兰等国殖民者相继来到我国强占殖民地，烧杀抢掠，无恶不作。

在西方殖民主义者侵略我国的同时，西方耶稣会的传教士也陆续来华。在传教的同时，他们也时常传授一些西方的科学文化，当时正值明朝政府对传统历法的误差缺少良策之时，耶稣会教士们不失时机地通过传授西方天文学知识而得以参与明朝的改历工作。

1629年，明朝政府令徐光启主持新历法的修撰工作。徐光启善于把中国的传统文化同西方先进的科学技术相结合，在农学和数学等方面取得了显著的成就。此次编写《崇祯历书》，又使他在天文学方面成就斐然。

徐光启先后召请了耶稣会士汤若望、邓玉函、龙华民和罗雅谷等4人，用了5年时间撰成一部百余卷的巨著《崇祯历书》。

书中介绍了许多西方著名天文学家的学说，它的理论基础却是来源于第谷的天文体系，基本数据也都采用他所测定的数值。

书成之后，由于保守派的极力阻挠，反复争论了10年之久，仍未能颁行天下。然而，清朝一建立（1644）便立即下令颁行，更名为《西洋新法历书》。

按照我国古老的传统习惯，制定、颁行历法是一个王朝实施其统治的象征。《历书》既经清朝颁行，第谷的天文学说便获得了"钦定"的地位。

这部巨著较为详细地介绍了第谷其人及其著作，赞誉第谷说："竭四十年心力穷历学，备诸巧器以测天度，不爽分秒。"意思是说，第谷苦心钻研天文学长达四十年之久，他用仪器测量天体十分准确。还为第谷的《新编天文学初阶》和《论新天象》两书作了提要。

关于第谷的天文观测记录和仪器，《历书》做了大量的说明。显然，第谷在这方面的成就引起了我国学者的极大兴趣。

书中记录转载并应用了第谷的大气折射改正表，还对第谷的许多观测记录进行详细介绍，包括21次月食观测，2次日食观测和38次行星观测，此外还有对1572年超新星的观测。

第谷在《新建天文仪器》一书中，列出的20多种观测仪器也引起了我国学者的高度重视，《历书》对第谷的5种仪器详加解说，既有文字解说，又有图形示范，这种图文并茂的形式，通俗易懂，为大多数中国学者所接受。

他们称赞第谷的天文仪器说："所用仪器甚多，皆酌量古法，精加研审，多所创建，出人意表。体制极大，分限极精，勘验极确。"

1669—1673年间，耶稣会教士南怀仁奉康熙皇帝之命在北京主持建造了6件大型青铜仪器。其中的纪限仪，从外形、结构上看，都很像是第谷所用仪器的仿制品。现在这6件仪器仍完好地保存在北京古观象台上，可以说，第谷所喜爱的仪器，竟在北京保存了仿制品。

《历书》到了清代流传更为广泛，由于第谷天文学成为官方天文学，它的精确性又优于中国的传统天文学，所以成了中国学者研究天文学的主要材料，中国学者曾对第谷体系做了大量介绍、注释、补充和发展。

与第谷的"钦定"地位相比，开普勒的学说在中国要算"稍逊风骚"了，因为当时的中国学者还相信传统的"地心说"，对"日心说"带有很大的偏见和疑问。但是，开普勒的学说毕竟是一种新的体系和思想，它一经传入中国，便引起一批中国学者高度重视，尤其是它的"磁"吸引力理论，在中国学者中产生过深远影响。

《崇祯历书》中就这样写道："太阳于诸星，如磁石于铁，不得不顺其行。"这显然引用了开普勒关于太阳与行星通过"磁力"相互作用的理论。

开普勒的"磁力"说启发了清朝著名天文学家梅文鼎、江永等人，他们在研究五大行星运动过程中，也萌发过太阳产生引力的思想，认为"五星皆以日为心，如磁力之引针。"

1742年，清政府下令修成《历象考成后编》，是对《崇祯历书》的全面修订。这部著作最重要的一点就是采纳了开普勒的第一、第二定律，并肯定地说："日月五星之本天（轨道），旧说以为平圆，今以为椭圆。"这样，就彻底地抛弃了小轮体系，确立了行星的运动轨道为椭圆形。

这时人们对开普勒学说的认识还不够全面，因此，他和第谷的学说还没有发生尖锐的对立，在《历象考成后编》中还能够和平共处，只是在谈到开普勒的学说时，将太阳和地球的位置颠倒了一下，这一巧妙的变动，就使二人的学说在中国官方书籍中"合乎逻辑"地"奇遇"了。

这一奇遇，一直持续了近一百年才各奔东西，开普勒的学说最终取得了完全的胜利。

第谷的精勤观测，开普勒的天才研究，二者相辅相成，相得益彰，共同创造了天文学史上的伟大成就。他们患难中的友谊与杰出成就是科学史上千古不朽的佳话。

世界五千年科技故事丛书

世界五千年科技故事丛书